VENTE

du Vendredi 14 Décembre 1906

HOTEL DROUOT, SALLE N° 9

A 2 HEURES

EXPOSITION PUBLIQUE

Le Jeudi 13 Décembre 1906

DE 2 H. A 6 H.

I. -- Succession de M. DELORE

ANCIEN CONSERVATEUR DE LA BIBLIOTHÈQUE S^TE-GENEVIÈVE

OBJETS DE CURIOSITÉ

DESSINS

Ayant appartenu à M. SAUVAGEOT

ANCIEN CONSERVATEUR DU MUSÉE DU LOUVRE

II. — Succession de M. X...

Porcelaines Anciennes de la Chine et du Japon

MEUBLES - TABLEAUX

Me E. BOUDIN

COMMISSAIRE-PRISEUR

14, Rue Grange-Batelière, 14

MM. PAULME & LASQUIN Fils

EXPERTS

10, Rue Chauchat et 12, Rue Laffitte

EXEMPLAIRE DE H. STETTINER

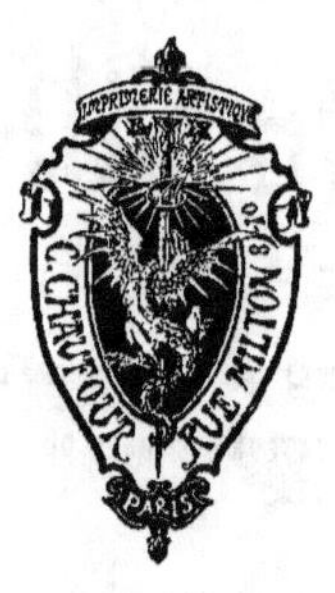
IMPRIMERIE ARTISTIQUE
C. CHAUFOUR
RUE MILTON 8
PARIS

VENTE

HOTEL DROUOT — SALLE N° 9

Le Vendredi 14 Décembre 1906

A DEUX HEURES

I. — Succession de M. DELORE

ANCIEN CONSERVATEUR DE LA BIBLIOTHÈQUE Ste-GENEVIÈVE

OBJETS DE CURIOSITÉ

FAIENCES ET PORCELAINES ANCIENNES

VIOLON DE LUPOT

DESSINS ANCIENS

Ayant appartenu à M. SAUVAGEOT

ANCIEN CONSERVATEUR DU MUSÉE DU LOUVRE

II. — Succession de M   X...

Anciennes Porcelaines

DE LA CHINE ET DU JAPON

Bronzes, Meubles, Tableaux anciens

Mᶜ E. BOUDIN COMMISSAIRE-PRISEUR 14, Rue Grange-Batelière, 14	**MM. PAULME & LASQUIN Fils** EXPERTS 10, Rue Chauchat et 12, Rue Laffitte

EXPOSITION PUBLIQUE

Le Jeudi 13 Décembre 1906, de 2 heures à 6 heures

CONDITIONS DE LA VENTE

La vente sera faite expressément au comptant.

Les acquéreurs paieront *dix pour cent* en sus des enchères.

L'exposition mettant le public à même de se rendre compte de la nature et de l'état des objets, aucune réclamation ne sera admise une fois l'adjudication prononcée.

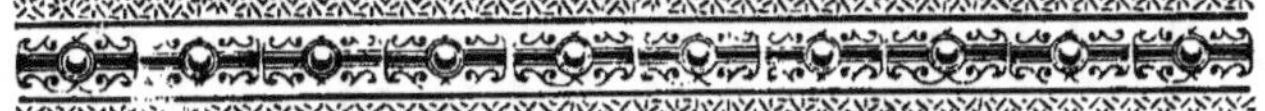

DÉSIGNATION

I. — SUCCESSION DE M. DELORE

PORCELAINES ET FAIENCES

ANCIENNES

1 — COMPAGNIE DES INDES. Hanap, décor en couleur et dorure.

2 — COMPAGNIE DES INDES. Deux assiettes porcelaine.

3 — CHINE. Pot couvert à fond capucin et réserves avec fleurs en couleur.

4 — CHINE. Pot à gingembre couvert, décoré sur l'épaulement d'un lambrequin caillouté avec fleurs en émaux de couleur.

820

5 — CHINE. Cafetière à fond bleu fouetté et réserves de forme contournée, avec branchages fleuris et oiseaux en émaux de couleur.

805

6 — CHINE. Beurrier couvert à deux anses, à fond bleu fouetté et réserves avec fleurs et oiseaux en émaux de couleur.

220

7 — CHINE. Crachoir à fond bleu fouetté et trois petites réserves avec fleurettes en rouge.

400

8 — CHINE. Paire de bouteilles à deux anses, décor bleu sur fond blanc.

9 — CHINE. Théière, bouteille, flacon et petit pot.

10 — ITALIE. Vase sphérique en ancienne faïence, décoré d'un médaillon à masque d'homme et rinceaux en couleur.

11 — JAPON. Petite buire.

12 — JAPON. Deux cornets.

13 — JAPON. Deux plats et neuf assiettes porcelaine.

1060

14 — MENNECY-VILLEROI (pâte tendre). Boîte ovale à pâte gaufrée, décorée sur fond rose quadrillé de réserves à fleurettes; au revers du couvercle, marine en camaïeu rose. Monture à charnière en argent.

535

15 — ROUEN. Plat décoré en couleur; au fond, couronne de fleurs, fruits et feuillages; au marli, compartiments à carrelages et réserves avec fleurs et armoiries.

16 — ROUEN. Vase à deux anses de forme carrée à pans coupés; décor polychrome de lambrequin et fleurs.

17 — ROUEN. Petit soulier à décor polychrome. Autre petit soulier en faïence à décor bleu.

18 — SAXE. Tasse et soucoupe de forme quadri-lobée à décor de médaillons avec personnages en couleur, encadrés de rocailles en dorure.

19 — SAXE et CHINE. Figurine de bouddah accroupi, décoré en couleur, la tête et les mains mobiles, socle carré en vieux Chine décoré en émaux de couleur.

20 — SÈVRES (pâte tendre). Tasse et sa soucoupe à fond bleu de roi et médaillon à personnages sur la tasse et paysage sur la soucoupe, avec rinceaux en dorure.

21 — SÈVRES. Petite tasse et soucoupe porcelaine et décors filets or.

22 — FAIENCES DIVERSES. Treize assiettes et neuf plats faïence de Nevers, Moustiers et autres.

Pourra être divisé.

MINIATURES & OBJETS DIVERS

VIOLON

130 23 — Miniature. Portrait de femme. xviiie siècle.

24 — Petite bonbonnière ronde en ivoire, boîtier orné d'une lyre en or.

25 — Tabatière ovale en écaille brune piquée, ornée à l'intérieur d'une miniature : Scène d'intérieur à deux personnages, peinte au vernis. xviiie siècle.

26 — Pitong en pierre de lard orné de raisins en relief.

27 — Miroir, cadre ajouré en argent.

225 28 — Pendule en bronze ciselé et doré. Epoque Empire.

3.050
Silvestre 29 — Violon de Nicolas LUPOT (1er prix du Conservatoire, à Sauvageot, l'an VI de la République).

95 30 — Autographe musical de Chérubini à Sauvageot.

Cadre verre peint et bronzes.

TABLEAUX, DESSINS, PASTELS

BOILLY (Ecole de)

145

31 — Portrait de femme.

Tableau.

160
Musée des
Arts décoratifs

32 — Petit panneau peint sur les deux faces au vernis sur fond d'or, sujet de chasse d'après J.-B. Oudry.

DELAROCHE (Paul)

305
Musée du Louvre

33 — Portrait de L. Sauvageot (le collectionneur).

Dessin.

DUPONT (Henriquel)

360
Musée du Louvre

34 — Portrait de L. Sauvageot (le collectionneur).

Dessin daté 1833.

DUMOUSTIER

830

35 — Portrait du maréchal de Biron.

Dessin aux crayons.

LÉPICIÉ

200

36 — Jeune pierrot.

Dessin.

LETHIÈRE (GUILLON)

130   37 — Portrait de L. Sauvageot à onze ans.

Dessin avec dédicace.

LETHIÈRE

105   38 — Portrait de la femme du peintre.

Dessin au crayon de couleur.

PETERS

27 10   39 — Portrait de femme tenant un enfant sur ses
Mme Robbin   genoux.

Dessin du XVIIIᵉ siècle.

GRAVURE ANCIENNE

40 — Répétition de l'Oratorio de Judith, par
HANDEL.

41 — Le Corps diplomatique à Rome.

Dessin à la plume du chevalier Nivan de Non.

42 — Objets omis.

II. — SUCESSION DE M.   E X...

PORCELAINES

43 — CHINE. Garniture de cinq pièces, trois potiches et deux cornets : branchages fleuris en relief et médaillons avec paysages et personnages en couleur.

44 — CHINE. Deux plats, lambrequins et fleurs en émaux de couleur.

45 — CHINE. Deux vases en ancien céladon craquelé de Chine. Ils sont montés en bronze et forment candélabres.

46 — CHINE. Paire de grosses potiches couvertes, décor bleu à personnages et arbustes.

47 — CHINE. Potiche à décor bleu.

48 — CHINE. Paire de vases à base et col renflés, à décor bleu.

49 — CHINE. Bol, décor en couleur sur fond carrelé.

50 — JAPON. Paire de potiches, décor en couleur. Socles en bronze doré.

51 — JAPON. Plat à barbe, circulaire, décor en couleur avec armoirie.

52 — JAPON. Paire de potiches et bol couvert, décor en couleur.

53 — JAPON. Deux potiches et deux cornets décorés en couleur. Ils sont montés en bronze pour former une paire de grands candélabres.

54 — JAPON. Cinq plats ; décor en couleur et dorure.

55 — JAPON. Seize assiettes, décor en couleur.

56 — PARIS (Manufacture du duc d'Angoulème. Petit vase de forme Médicis, décor en dorure avec médaillons.

57 — PARIS. Tasse-trembleuse avec son présentoir, décor à rinceaux de fleurs et dorure.

BRONZES — MEUBLES

TABLEAUX

58 — Deux vases en émail cloisonné du Japon.

59 — Pendule-cartel et son socle cul-de-lampe en marqueterie de cuivre sur écaille, ornée de bronzes.

60 — Baromètre en bois doré. Epoque Louis XVI.

61 — Bureau en marqueterie d'étain sur bois, ouvrant à portes et tiroirs. Epoque Louis XIII.

62 — Table rectangulaire à quatre pieds et croisillon en marqueterie de bois de couleur. Epoque Louis XIII.

63 — Trois gravures anciennes encadrées.

ECOLE HOLLANDAISE

64 — Le mauvais fils.
Curieux tableau peint sur toile.

65 — Intérieur de cabaret.
Toile.

INCONNU

66 — Paysage par un temps d'orage.

Panneau,

LE KING

67 — Chien de chasse.

Panneau.

68 — Objets omis.

www.ingramcontent.com/pod-product-compliance
Lightning Source LLC
LaVergne TN
LVHW010847180726
843502LV00009B/3761